BEI GRIN MACHT SICH IHR WISSEN BEZAHLT

- Wir veröffentlichen Ihre Hausarbeit,
  Bachelor- und Masterarbeit

- Ihr eigenes eBook und Buch -
  weltweit in allen wichtigen Shops

- Verdienen Sie an jedem Verkauf

Jetzt bei www.GRIN.com hochladen und kostenlos publizieren

Erstellung und Erläuterung eines Oberflächen-Dummys für ein wenig komplexes Online-System

Fabian Schnabel

Bibliografische Information der Deutschen Nationalbibliothek:

Die Deutsche Nationalbibliothek verzeichnet diese Publikation in der Deutschen Nationalbibliografie; detaillierte bibliografische Daten sind im Internet über http://dnb.d-nb.de abrufbar.

ISBN: 9783346836526
Dieses Buch ist auch als E-Book erhältlich.

© GRIN Publishing GmbH
Nymphenburger Straße 86
80636 München

Druck und Bindung: Books on Demand GmbH, Norderstedt Germany
Gedruckt auf säurefreiem Papier aus verantwortungsvollen Quellen

Das Buch bei GRIN: https://www.grin.com/document/1335563

Schnabel, Fabian

Assignment

Erstellung und Erläuterung eines Oberflächen-Dummys für ein wenig komplexes Online-System

Studiengang:	Wirtschaftsinformatik - Bachelor of Science (B. Sc.)
Modul:	Integrierte Projektwerkstatt (WIN30)
Datum:	23.08.2022

Inhaltsverzeichnis Seite

Abbildungsverzeichnis

1 Einleitung

1.1 Begründung der Problemstellung

In der modernen Zeit ist der Entwicklungsprozess hin zu einem fertigen Produkt sehr komplex und zeitaufwendig. Schon kleine Fehler in der Entwicklungskette können sehr große Auswirkungen auf die Dauer und Kosten des Projekts für ein Produkt haben. Entscheidend ist hierbei der Zeitpunkt an dem die Fehler begangen wurden. Je früher diese Korrektur stattfindet desto günstiger fällt das Resultat aus. Mängel sollten daher so früh wie möglich erkannt und beseitigt werden. Am besten ist jedoch eine grundlegende Vermeidung von Fehlern. Hierfür ist ein gelungenes Anforderungsmanagement parallel zum vorhandenen Projektmanagement essentiell für ein erfolgreiches Projekt.[1]

1.2 Aufbau und Zielsetzung der Arbeit

Die Zielsetzung der vorliegenden Arbeit besteht darin unter Anwendung von adäquatem Anforderungsmanagement mit Hilfe eines nach bestimmten Kriterien selektierten Mockup-Tools festgelegte Funktionen der bestimmten Anwendung in einem Oberflächen-Dummy darzustellen und obendrein zu erläutern. Das gelernte Wissen aus dem Anforderungsmanagement soll dabei verwendet und eingeprägt werden.

Zu Beginn dieser Arbeit werden die theoretischen Grundlagen definiert. Dabei werden zuerst die zentralen Begrifflichkeiten des Anforderungsmanagements beschrieben. Darauf folgen weitere Erklärungen zur grundsätzlichen Definition einer Web-Anwendung, eines Mockup-Tools und Open-Source-Programms. Anschließend werden drei Mockup-Tools vorgestellt und die Kriterien für die Auswahl festgelegt. Danach wird eine Entscheidung für eines der Tools getroffen. Im Anschluss daran wird die Web-Anwendung und dessen Funktionsumfang festgelegt. Die Konstruktion des Oberflächen-Dummys für die gewählte Web-Anwendung mit Hilfe des Mockup-Tools stellt den Abschluss der praktischen Durchführung dar. Am Schluss wird eine Dokumentation der wichtigsten Ergebnisse der Arbeit, gefolgt von einer kritischen Würdigung und zukünftigen Aussichten, dargestellt.

---

[1] vgl. Grande (2014), S. 9

2 Theoretische Grundlagen

Die Erstellung eines Oberflächen-Dummys unter Verwendung von Anforderungsmanagement bedarf der Bildung einer Grundlage durch die Definition zentraler Begriffe für das Anforderungsmanagement und der Klärung der Merkmale rund um die Entwicklung der Web-Anwendung.

2.1 Begriffsdefinitionen des Anforderungsmanagements

2.1.1 Anforderungsmanagement

Grundsätzlich geht es beim Anforderungsmanagement um den systematischen Ansatz alle Anforderungen eines Produkts abzubilden und zu steuern. Dabei werden die dafür benötigten Handlungen in vier Haupttätigkeiten aufgeteilt. Anforderungen ermitteln, dokumentieren, abstimmen und verwalten. Der Zweck des Anforderungsmanagements ist ein fehlerfreier und effizienter Entwicklungsprozess.[2] Fehler, die zu Beginn eines Prozesses entstanden sind und erst gegen Ende festgestellt wurden führen zu einer Reihe von Folgefehlern, die sich vervielfachen können und damit die ursprüngliche Kalkulation erheblich gefährden können. Somit ist der Erfolg eines Projekts maßgeblich von der Sorgfalt bei der Analyse und Dokumentation der Anforderungen im Bereich des Anforderungsmanagements abhängig.[3]

2.1.2 Anforderungen

Anforderungen sind essentiell wichtig um dem Endverbraucher das nachgefragte Produkt so anbieten zu können wie er es braucht. Sie setzen sich zusammen aus den Eigenschaften, Funktionalitäten und Qualitäten, die für ein fertiges Produkt geplant sind und spiegeln gleichzeitig die Ziele im Entwicklungsprozess wider. Dabei profitiert nicht nur der Kunde von klar definierten Anforderungen, sondern auch das produzierende Unternehmen. Sämtliches Tun der Mitarbeiter wird durch die Dokumentation messbar sowie nachvollziehbar und kann bei Bedarf mit dem Ist-Zustand verglichen werden.[4]

---

[2] vgl. Grande (2014), S. 7
[3] vgl. Rupp (2013), S. 11 f.
[4] vgl. Grande (2014), S. 5 f.

2.1.3 Funktionale und nicht-funktionale Anforderungen

Im Anforderungsmanagement wird generell zwischen funktionalen und nicht-funktionalen Anforderungen unterschieden.[5] Die Notwendigkeit ergibt sich aus der enormen Menge an Anforderungen, wobei die Unterscheidung dabei hilft Arbeit durch Strukturierung zu vereinfachen.[6]

Alle Antworten auf die Frage „Was soll das System machen?"[7] beschreiben die funktionalen Anforderungen an ein Produkt. Sie nutzen der Verwirklichung des gewünschten Zwecks und sind immer produktspezifisch. Zum Beispiel berechnet eine bestimmte Software den Körperfettanteil in Prozent anhand eingegebener Messwerte basierend auf einer Formel.

Nicht-funktionale Anforderungen beziehen sich nicht nur auf den direkten Zweck des Produkts und sind daher produktunspezifisch. Sie lassen sich in die beiden Gruppen Qualitätsanforderungen und Randbedingungen unterteilen. Ersteres beinhaltet Merkmale wie beispielsweise die Änderbarkeit, Benutzbarkeit oder Zuverlässigkeit des Produkts. Randbedingungen hingegen decken den Handlungsspielraum für ein Produkt ab und spiegeln daher Einschränkungen der Umwelt wie zum Beispiel Normen wider.[8] [9]

2.1.4 Quellen für Anforderungen

Um dem Kunden die gewünschten Funktionalitäten eines Produkts anbieten zu können bedarf es einer umfassenden Erhebung von Wissen aus relevanten Quellen.

Stakeholder sind hierbei ein wichtiger Teil dieser Quellen. Sie sind entweder Personen, die an der Entwicklung des Produkts in einer engen oder entfernten Art und Weise beteiligt sind oder ferner bedeutsame Anforderungen stellen können. Folglich haben diese Personen immer ein Interesse am Endprodukt. Werden Stakeholder vergessen kann das zu Lücken in den Anforderungen des Produkts führen und somit zu fehlenden Attributen.[10] Methoden zur Ermittlung der Informationen

---

[5] vgl. Rupp (2013), S. 19
[6] vgl. Niebisch (2013), S. 42
[7] Rupp (2013), S. 20
[8] vgl. Klessascheck (2018), Onlinequelle
[9] vgl. Grande (2014), S. 37 ff.
[10] vgl. Ebenda, S. 18

können beispielweise Befragungen im Bereich von Interviews oder die Beobachtung der typischen Endverbraucher während der Benutzung eines Produkts sein.[11]

Des Weiteren können Schriftstücke, die sich direkt oder indirekt auf das Produkt beziehen, ein nächster Ansatz für die Suche nach zusätzlichen Anforderungen sein. Falls in Folge einer vergangenen Produktentwicklung noch Datenbasen bestehen können diese als „… bequeme …"[12] Anforderungsquellen verwendet werden, da die Anforderungen hier bereits bearbeitet und aufbereitet wurden. Weitere Beispiele für schriftliche Quellen stellen Normen, Lasten- und Pflichtenhefte oder gleichartige Dokumente dar. Als Technik zur Prüfung der Gültigkeit von Anforderungen in den zuletzt genannten Beispielen empfiehlt sich das Walkthrough.[13]

2.1.5 Dokumentation

Das Aufschreiben der Anforderungen unterstützt den Entwicklungsprozess des Produkts in jeder Phase des Projekts. Eine sogenannte Anforderungsspezifikation dient als organisierte Informationsbasis an den Stellen an denen viele Personen gemeinsam arbeiten.[14] Sie ist ein strukturiertes Dokument, welches die Anforderungen nach einem vordefinierten Schema abbildet.[15] Dabei wird innerhalb der Spezifikation in die drei Dimensionen der Abstraktion, der Perspektive und verschiedener inhaltlicher Anforderungsarten klassifiziert.[16] Diese Klassifizierungen ermöglichen eine Beratung über die beste Form für das Dokument bezogen auf den jeweiligen Anwendungsfall.[17] Im folgenden Absatz fokussiert sich der Autor auf die verschiedenen inhaltlichen Anforderungen.

Inhaltliche Anforderungen können sich entweder auf der einen Seite auf das zu entwickelnde Produkt beziehen oder auf der anderen Seite auf das Projekt. Beispielhaft für eine Projektanforderung wäre ein vorbestimmtes Budget von 10.000€, welches nicht überschritten werden darf. Innerhalb der Produktanforderungen wird zwischen funktionalen und nicht-funktionalen Anforderungen unterschieden, wobei letzteres nochmals in Qualitätsanforderungen und Randbedingungen unterteilt wird (vgl. Kapitel 2.1.3).[18]

---

[11] vgl. Grande (2014), S. 49 ff.
[12] Ebenda, S. 49
[13] vgl. Ebenda, S. 48 f.
[14] vgl. Herrmann (2022), S. 81
[15] vgl. Ebenda, S. 82
[16] vgl. Ebenda, S. 83, 90, 98
[17] vgl. Ebenda S. 100
[18] vgl. Ebenda, S. 98 f.

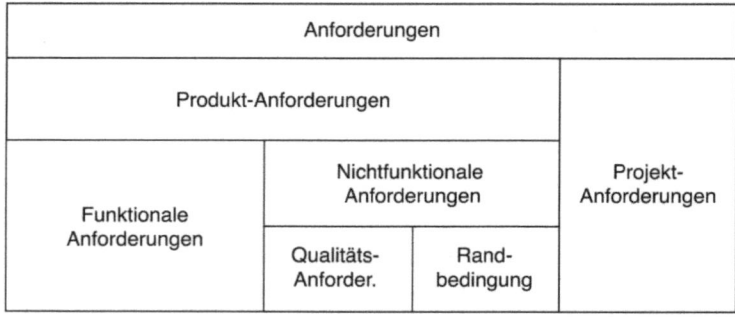

Abbildung 1: Inhaltliche Anforderungsarten[19]

2.1.6 Werkzeuge

Korrektes Anforderungsmanagement erfordert individuelle Werkzeuge, die bei Basistätigkeiten, sowie bei den vier Haupttätigkeiten (vgl. Kap. 2.1.1), unterstützen. Dabei entscheiden Größe und Komplexität des Projekts über den Umfang des verwendeten Werkzeugs. Ab einer bestimmten Dimension ist ein spezialisiertes Anforderungsmanagement-Werkzeug sogar unabdingbar.

Einfach-Werkzeuge sind nicht ausschließlich für das Anforderungsmanagement entwickelt worden. Sie besitzen dennoch Standardfunktionen, wie die Textverarbeitung oder Tabellenkalkulation und können erfahrungsgemäß durch bereits vorhandene Kenntnisse sofort für grundlegende Tätigkeiten eingesetzt werden. Daher finden sie gerade in kleinen Projekten Anwendung, in welchen man aufgrund der Verhältnismäßigkeit keinen zusätzlichen Aufwand für Softwareinstallationen oder Lehrgänge zur Benutzbarkeit der Programme erzeugen will.

Übersteigt das Projekt die Kapazitäten der Einfach-Werkzeuge oder wird der Umfang zu groß muss auf spezialisiertes Anforderungsmanagement-Werkzeug zurückgegriffen werden. Instrumente dieser Art verfügen über eine bestimmte Menge an Funktionen, die zielgerichtet bei den Haupttätigkeiten unterstützen. Dazu zählen hauptsächlich die Ermittlung der Anforderungen und die Organisation der Aufgaben im Produktlebenszyklus. Außerdem werden noch weitere Eigenschaften wie Möglichkeiten der Analyse der Anforderungen oder die Nachvollziehbarkeit und Feststellung der Beziehungen zwischen Anforderungen in diesen Werkzeugen integriert.[20]

---

[19] vgl. Herrmann (2022), S. 99
[20] vgl. Grande (2014), S. 26 ff.

2.2 Web-Anwendung

Web-Anwendungen sind verteilte multimediale Systeme, die sich dadurch kennzeichnen aus mehreren Medienarten zu bestehen, wobei immer mindestens zwei verschiedene Typen miteinander kombiniert werden. Eine der Arten ist dabei zeitkontinuierlich. Zudem ist der Anwender in seinen Handlungen im Rahmen der Web-Anwendung flexibel, da die jeweiligen Informationsknoten miteinander verlinkt sind und somit ein navigierbares Netzwerk abbilden.

Der Zugang zu den Ressourcen erfolgt aus Sicht des Anwenders über einen Web-Browser mittels des HTML-Protokolls, indem der Client und der Web-Server eine Verbindung aufbauen und diese Ressourcen miteinander über ein Schichtenmodell kommunizieren. Der Browser ist dabei für die Darstellung der Webseite zuständig. Die Abgrenzung von Webseite zur Webapplikation besteht darin, dass die Webanwendung eine Logik enthält, die den Ablauf von Programmen ermöglicht und sich nicht nur auf die Darstellung begrenzt.[21]

2.3 Mockup

Ein Mockup ist ein funktionsuntüchtiger Entwurf des geplanten Produkts. Mockup-Tools ermöglichen eine schnelle, einfache und kostengünstige Erstellung eines skizzenhaften Prototyps, welcher aus einzelnen, teilweise bedienbaren Elementen besteht und eine unvollständige Abbildung des fertigen Produkts darstellt. Infolgedessen ist eine vorzeitige Einsicht in geplante Funktionen und Darstellungen möglich. Ziel ist es den Stakeholdern das erste sogenannte „… Look and Feel …"[22] darzubieten damit eine gewisse Vorstellung des Endprodukts entsteht. [23] [24]

2.4 Open-Source-Programm

Unter einem Open-Source Programm wird Software verstanden, deren Quellcode einlesbar ist und keinen Beschränkungen unterliegt. Das bedeutet die Software kann beliebig verwendet, geändert und verbreitet werden. Dabei fallen keine Lizenzkosten für die genannten Aktionen an.

Im Zentrum des Open-Source Gedankens steht der Fortlauf der Weiterentwicklung des Softwareprodukts. Je mehr Entwickler freiwillig an dem Projekt teilnehmen und ihr Wissen

---

[21] vgl. Thesmann (2016), S. 4 f.
[22] Böhringer/Bühler/Schlaich/Sinner (2014), S. 48
[23] vgl. Thesmann (2016), S. 263 f.
[24] vgl. Leimeister (2020), S. 452

dadurch einbringen desto mehr profitiert das Produkt. Als Zweck gilt es einen Nutzen für die Öffentlichkeit zu erzeugen, welcher vor allem durch einen freien Zugang zum Programm charakterisiert ist. Das macht es zu einem öffentlichen Gut.[25]

3 Auswahl eines Mockup-Tools zur Erstellung des Oberflächen-Dummys

3.1 Kriterien für die Bewertung des Tools

Mithilfe von bestimmten Auswahlkriterien folgt im weiteren Verlauf eine Entscheidung für eines der aufgeführten Tools. Ein modularer Aufbau innerhalb der Anwendung ist ein wichtiges Kriterium. Müssen im Skizzenentwurf nur die einzelnen Elemente aneinander gefügt werden begünstigt das den Zeitaufwand wesentlich. Ergänzend dazu wird die zeitliche Komponente durch eine benutzerfreundliche und folglich schnell erlernbare Anwendung ebenfalls entlastet. Schließlich ist die Erstellung eines schlichten Prototyps die Kernaufgabe der Arbeit und nicht die Intensivierung der Verwendung eines Mockup-Tools.

Weiterhin sollen die finanziellen Aufwendungen für das Tool grundsätzlich kostenfrei sein. Dies ergibt sich einerseits aus der Aufgabenstellung, andererseits aus der wirtschaftlichen Perspektive. Es steht im Interesse des Autors die Kosten für Projekte immer so niedrig wie möglich zu halten.

Letztendlich wird die Lauffähigkeit lokal auf einem Windowssystem oder als Webapplikation vorausgesetzt.

3.2 Balsamiq

Das Wireframing-Tool Balsamiq bietet eine einfache schnelle und Ausarbeitung einer Skizze für den ersten Eindruck der späteren Webpräsenz. Der Nutzer kann auf einem schlicht aufgebauten digitalen Whiteboard per Drag & Drop aus dem Menü die Elemente der Webseite einfach aneinanderfügen und so einen ersten visuellen Eindruck erhalten. Dabei sind keine außerordentlichen Kompetenzen für die Bedienung der Anwendung erforderlich. Kompatibel ist die Software mit Windows oder macOS via Desktopinstallation oder als Cloud Anwendung. Zudem ist die Integration mit Google Drive zusätzlich gegeben. In Bezug auf die Kosten stellt das

---

[25] Clement/Schreiber (2016), S. 304 - 306

Unternehmen eine 30-tägige Testversion zur Verfügung bevor Einmalkosten von 89,00€ für die lokale Installation oder monatliche Kosten je nach Projektmenge anfallen.[26]

3.3 Mockingbird

Mockingbird ist ein komplett webbasiertes Mockup-Tool. Es ist somit keine lokale Installation notwendig und dadurch sind auch keine Einschränkungen durch das Betriebssystem gegeben. In der Bibliothek von Mockingbird stehen allerart Muster zur Verfügung, die durch Anklicken und Ziehen an die richtige Stelle innerhalb der Konstruktion leicht verwendet werden können. Große und komplexe Skizzen sind durch die umfassende Anzahl an Elementen möglich. Weiterhin ist die Möglichkeit gegeben die einzelnen Projekte miteinander zu verlinken und so eine Vorstellung des Ablaufs zwischen den Seiten zu bekommen.

Die kostenlose Testphase für ein Projekt hat eine Dauer von sieben Tagen. Anschließend fallen Kosten je nach Anzahl der laufenden Projekte an.[27]

3.4 Wireframe.cc

Dieses Mockup-Tool ist in der kostenlosen Ausführung eine schlicht gehaltene webbasierte Anwendung. Es eignet sich in nur in Verbindung mit Mehrkosten dazu komplexe Wireframes zu entwickeln. Wie die anderen Wireframing-Tools ist Drag & Drop auch hier die Arbeitsweise was ebenso die rapide Herstellung von Entwürfen erlaubt. Wird ein kostenpflichtiger Account erworben können die Projekte per Weblink mit anderen geteilt werden und es gibt eine Kommentarfunktion. Beide Punkte fördern das kollaborative Arbeiten. Durch das Web als Plattform fallen Kompatibilitätsprobleme in Bezug auf eine Desktopinstallation weg.

Die kostenlose Version ist ohne Account verfügbar aber in ihren Funktionen grundlegend eingeschränkt. Jedoch kann das erstellte Projekt zeitlich unbegrenzt genutzt werden. Um das Tool voll ausnutzen zu können muss ein Account erworben werden, was in monatlichen Kosten resultiert.[28]

---

[26] Balsamiq (o.J.), Onlinequelle
[27] o.V. (o.J.a), Onlinequelle
[28] o.V. (o.J.b), Onlinequelle

3.5 Entscheidung

Unter dem Einbeziehen der zu Beginn festgelegten Kriterien ist die Entscheidung schlussendlich auf Wireframe.cc gefallen. In diesem Tool besteht die Möglichkeit kostenlos auf unbegrenzte Zeit Projekte zu erstellen ohne ein Ablaufdatum zu erhalten. Die Funktionalitäten sind zwar sichtbar eingeschränkt, jedoch ausreichend um eine erste visuelle Darstellung des geplanten Produkts zu erzeugen. Die Webanwendung ist zudem sehr benutzerfreundlich und selbsterklärend was eine Zeitersparnis für die Zukunft prognostiziert. Der Aspekt Kompatibilität mit dem verwendeten Betriebssystem entfällt aufgrund der Lauffähigkeit im Web.

4 Die Web-Anwendung

4.1 Konkretisierung der Anwendung

In einem Selbststudium ist die Fähigkeit sich selbst zu organisieren eine Grundvoraussetzung für einen erfolgreichen Abschluss. Neben den feststehenden Terminen muss auch der Überblick über alle weiteren Aufgaben im Studium behalten werden. Aber auch in anderweitigen Lebenssituationen kann ein gut durchdachtes und informationstechnisch gestütztes Aufgabenmanagement einen sichtlichen Benefit bringen, wie beispielweise im Berufsleben. Es hilft dabei den Umfang der Aufgaben klar zu definieren und zu verwalten. Somit wäre eine ständige Überwachung des sich immer wiederholenden Prozesses von neuen zu abgeschlossenen Aufgaben vorhanden.

Aus der oben genannten Problemstellung wurde sich für die Erstellung eines Aufgabenmanagements als Web-Anwendung im Browser entschieden, mit welchem Aufgaben organisiert werden können. Die Ausrichtung der Grundstruktur des Programms wird dabei auf das modular konzipierte Studium gelegt, da hierfür der fundamentale Nutzen gesehen wird.

4.2 Funktionsumfang

4.2.1 Benutzerfreundlichkeit

Auf der Startseite der Anwendung sollen alle Aufgaben in übersichtlicher Weise dargestellt werden. Hierfür sollen jeweils die wichtigsten Informationen für eine Aufgabe in einem Feld schnell verfügbar sein, wie beispielsweise die Bezeichnung oder der Status. Innerhalb der Felder ist ein Knopf für ein Dropdown-Menü platziert, welcher es ermöglich schnelle Optionen bezüglich der Aufgabe durchzuführen, wie beispielweise das Abschließen der ganzen Aufgabe. Die Anordnung der Felder ist rasterförmig. Der Anwender kann folglich effizient seine Tätigkeiten durchsuchen. Des Weiteren soll ein Menü zum schnellen Wechsel zwischen zentralen Seiten der Web-Anwendung integriert werden.

Weiterhin sind Schaltflächen für die Suche und zum Anlegen neuer Aufgaben auf der Startseite platziert. Zudem gibt es einen übergeordneten Knopf für die Ansicht der Aufgaben auf der Startseite, welcher ein Dropdown-Menü beinhaltet. Zur Option steht „aktiv", „abgeschlossen" oder „alle". Die Position der drei genannten Knöpfe ist am oberen Bildschirmrand vorgesehen.

4.2.2 Aufgabendefinition und -bearbeitung

Eine der Hauptfunktionen des Aufgabenmanagements ist die präzise Definition der Aufgaben. Der Benutzer soll in der Lage sein für seine Planung Aufgaben mit einer entsprechenden Bezeichnung anzulegen. Die Möglichkeit der Integrierung weiterer Teilaufgaben ist gegeben. Jede Teilaufgabe kann später einzeln abgehakt werden. Innerhalb der Erstellung der Aufgabe stehen zusätzlich ein Feld für das Fälligkeitsdatum und ein Kommentarfeld zur Verfügung, damit der Benutzer weitere hilfreiche Ergänzungen zur späteren Bearbeitung hinzufügen kann. Bei Bedarf kann die Aufgabe noch mit Anhängen ergänzt werden.

Nachträglich zur Erstellung kann eine Bearbeitung der Aufgabe über die Übersicht erfolgen, indem die entsprechende Aufgabe angeklickt wird. Folglich können weitere Informationen in Bezug auf die oben genannten Punkte hinzugefügt werden. Außerdem können Teilaufgaben als erledigt markiert werden, was in einer Füllung der Fortschrittsanzeige resultiert.

4.2.3 Fortschrittsanzeige

Wenn der User sein Aufgabenmanagement öffnet soll er über die Startseite einen schnellen ersten Eindruck über den Status und Fortschritt seiner Aufgaben erhalten ohne jede Aufgabe einzeln anklicken und Inhalte daraus lesen zu müssen. In jedem Aufgabenfeld soll der Nutzer anhand eines Querbalkens, welcher sich je nach Menge der abgeschlossenen Teilaufgaben progressiv visuell füllt, binnen kürzester Zeit derartige Informationen erhalten. Die optische Darstellung unterstützt zudem die Aufrechterhaltung der Motivation des Anwenders, da der Fortschritt sichtbar und dadurch greifbarer wird.

4.3 Verwendung des Oberflächen-Dummys

4.3.1 Startseite

Auf der Startseite sind die Aufgaben des Users in einzelne Felder ① strukturiert. In diesen wird das Fälligkeitsdatum ② und der aktuelle Fortschritt ③ angezeigt. Mit einem Klick auf den Knopf mit dem Pluszeichen ④ kann eine neue Aufgabe angelegt werden (siehe Kapitel 4.3.2). Das Lupensymbol ⑤ kann verwendet werden um eine bestimmte Aufgabe zu suchen (siehe Anhang 1). Die Aufgaben können je nach aktuellem Status mit dem Dropdown-Feld ⑥ im oberen rechten Eck selektiert werden (siehe Anhang 2). Der nach unten geöffnete Pfeil ⑦ in jedem Feld stellt ein schnelles Optionsmenü für Aufgaben bereit (siehe Anhang 3). Mit dem Menü ⑧ kann der Benutzer effizient zwischen den Webseiten wechseln.

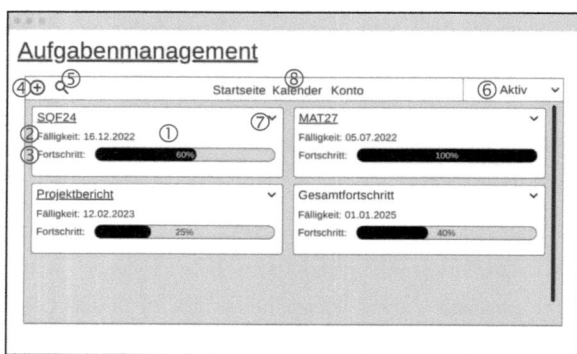

Abbildung 2: Startseite[29]

4.3.2 Anlegen neuer Aufgaben

Nach dem betätigen den Knopfs mit dem Pluszeichen öffnet sich die Ansicht zur Erstellung einer Aufgabe. Im Feld für die Bezeichnung ① kann der Benutzer einen Titel für die Aufgabe eingeben. Danach folgt die Eingabe eines Fälligkeitsdatums ②, sowie das Hinzufügen von Teilaufgaben ③ für die Aufgabe über die Betätigung des Pluszeichens. Bei Bedarf können noch Kommentare ④

---

[29] Eigendarstellung

und Anhänge ⑤ ergänzend mit in die Aufgabe aufgenommen werden. Am unteren Bildschirmrand kann die Aufgabe gespeichert ⑥ oder verworfen ⑦ werden.

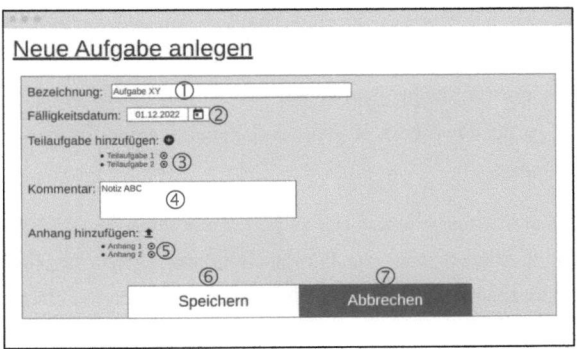

Abbildung 3: Vorlage zum Anlegen neuer Aufgaben[30]

4.3.3 Bearbeitungsmodus

Nach dem Klicken auf die Bezeichnung der Aufgabe oder über das schnelle Optionsmenü öffnet sich der Bearbeitungsmodus, in welchem die Aufgabe nachträglich angepasst werden kann. Der Nutzer sieht seinen aktuellen Fortschritt ① und kann weitere Teilaufgaben hinzufügen (siehe Anhang 4) oder als erledigt markieren ③.

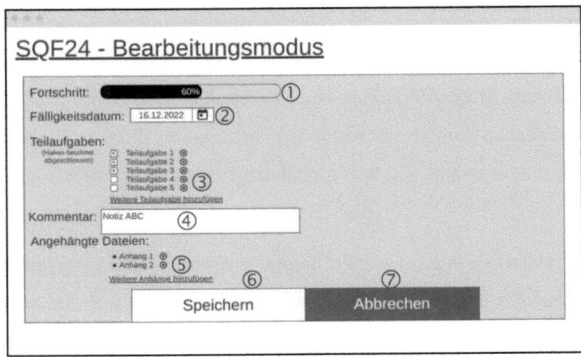

Abbildung 4: Bearbeitungsmodus einer Aufgabe[31]

---

[30] Eigendarstellung
[31] Eigendarstellung

5 Fazit

Das Ziel der vorliegenden Arbeit war die Erstellung und Erläuterung eines Oberflächen-Dummys für ausgewählte Funktionsbereiche einer einfachen Web-Anwendung unter Berücksichtigung von adäquatem Anforderungsmanagement. Zusammenfassend ergibt sich aus dem vorliegenden Assignment, dass die sorgfältige Anwendung des Aufgabenmanagements im Sinne der vier Haupttätigkeiten zu der erwarteten Kosten- und Zeiteinsparung im Projekt des Oberflächen-Dummys geführt haben.

Die Analyse der Anforderungen nimmt eine zentrale Rolle neben dem Projektmanagement ein. Da es jedoch unzählige Möglichkeiten zur Formulierung von Anforderungen für ein Produkt gibt muss das Anforderungsmanagement präzise durchgeführt werden um effektiv voranschreiten zu können. Hierzu zählen unmissverständliche Definitionen und ausführliche Dokumentationen zu den Kernaufgaben für eine erfolgreiche Durchführung. Bei der Auswahl der Werkzeuge hat in diesem Projekt Standardsoftware ausgereicht, da es sich lediglich um eine einfache Web-Anwendung handelt.

Bei der Auswahl des Mockup-Tools ist die Entscheidung aufgrund der festgelegten Kriterien zügig gefallen. Letztendlich erwies sich nur ein Tool aufgrund der Wirtschaftlichkeit als geeignet. Aufgrund der Aufgabenstellung zur Erstellung eines einfachen Dummys konnte auf die zusätzlichen Funktionalitäten der anderen Mockup-Tools verzichtet werden. Im Rahmen der Arbeit wurde das Ziel mit Wireframe.cc zufriedenstellend erreicht.

Ausschlaggebend für die Entscheidung der Erstellung eines Oberflächen-Dummys für ein Aufgabenmanagement ist der Bedarf an einem zentralen Werkzeug für die Strukturierung und Verwaltung der täglichen Aufgaben. Gerade bei einem hohen Grad an Eigenständigkeit in einem Selbststudium ist ein derartiges Werkzeug unabdingbar, da sonst schnell der Überblick verloren geht.

In Hinblick auf zukünftige Aussichten für dieses Assignment ist zu sagen, dass in dieser Arbeit lediglich grundsätzliche Eigenschaften der Web-Anwendung präsentiert wurden. Daher ist die Weiterentwicklung in Bezug auf zusätzliche Funktionalitäten, mehr Benutzerfreundlichkeit und Plattformunabhängigkeit naheliegend. Hiermit würde allerdings der Umfang der Arbeit überschritten werden.

Anhang

Anhang 1: Suchfunktion

Anhang 2: Ansicht der Startseite nach Typ selektieren

Anhang 3: Schnelles Optionsmenü für Aufgaben

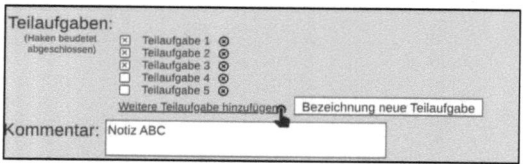

Anhang 4: Neue Teilaufgabe im Bearbeitungsmodus

Literaturverzeichnis

Böhringer, Joachim/Bühler, Peter/Schlaich, Patrick/Sinner, Dominik (2014): Kompendium der Mediengestaltung: IV. Medienproduktion Digital (E-Book: pdf-Dokument), 6. vollständig überarbeitete und erweiterte Auflage, Berlin, Heidelberg.

Balsamiq (Hrsg.) (o.J.), https://balsamiq.com/wireframes/ (Zugriff am 14.08.2022).

Clement, Reiner/Schreiber, Dirk (2016): Internet-Ökonomie: Grundlagen und Fallbeispiele der vernetzten Wirtschaft (E-Book: pdf-Dokument), 3. Auflage, Berlin, Heidelberg.

Grande, Marcus (2014): 100 Minuten für Anforderungsmanagement – Kompaktes Wissen nicht nur für Projektleiter und Entwickler (E-Book: pdf-Dokument), 2. Auflage, Wiesbaden.

Herrmann, Andrea (2022): Grundlagen der Anforderungsanalyse: Standardkonformes Requirements Engineering (E-Book: pdf-Dokument), Wiesbaden.

Klessascheck, Mario (2018): Funktionale Anforderungen versus nicht-funktionale Anforderungen, https://www.johner-institut.de/blog/iec-62304-medizinische-software/funktionale-und-nicht-funktionale-anforderungen/ (Zugriff am 07.08.2022).

Leimeister, Jan Marco (2020): Dienstleistungsengineering und -management: Data-driven Service Innovation (E-Book: pdf-Dokument), 2. vollständig aktualisierte und erweiterte Auflage, Berlin, Heidelberg.

Niebisch, Thomas (2013): Anforderungsmanagement in sieben Tagen – Der Weg vom Wunsch zur Konzeption (E-Book: pdf-Dokument), Wiesbaden.

o.V. (o.J.a), https://gomockingbird.com/home (Zugriff am 14.08.2022).

o.V. (o.J.b), https://wireframe.cc/ (Zugriff am 14.08.2022).

Rupp, Chris (2013): Systemanalyse kompakt (E-Book: pdf-Dokument), 3. Auflage, Berlin, Heidelberg.

Thesmann, Stephan (2016): Interface Design: Usability, User Experience und Accessibility im Web gestalten (E-Book: pdf-Dokument), 2. aktualisierte und erweitere Auflage, Wiesbaden.